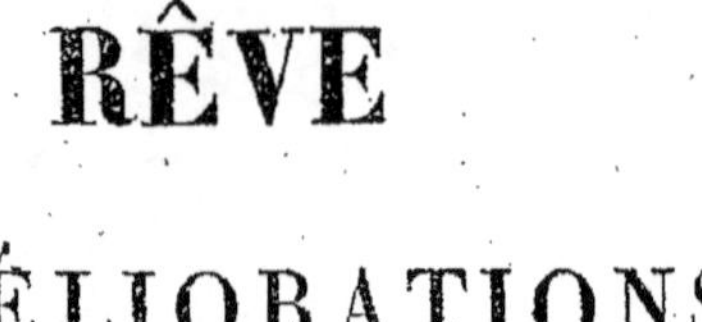

# RÊVE

# D'AMÉLIORATIONS

# ADMINISTRATIVES ET FINANCIÈRES ;

**PAR ARMAND SEGUIN,**

MEMBRE CORRESPONDANT DE L'ACADÉMIE ROYALE DES SCIENCES.

---

> En administration, un sage et perspicace emploi d'impôts tolérables, déjà existans, est souvent encore plus fructifère pour l'Etat, et plus désirable pour les contribuables, que des dégrèvemens mal entendus, partiels et momentanés.

---

PARIS.

**JANVIER 1828.**

# RÊVE

## D'AMÉLIORATIONS

### ADMININISTRATIVES ET FINANCIÈRES.

PARIS.—IMPRIMERIE DE MIGNERET, RUE DU DRAGON, N° 20.

# RÊVE

# D'AMÉLIORATIONS

## ADMINISTRATIVES ET FINANCIÈRES;

**PAR ARMAND SEGUIN,**

MEMBRE CORRESPONDANT DE L'ACADÉMIE ROYALE DES SCIENCES.

---

En administration, un sage et prespicace emploi d'impôts tolérables, déjà existans, est souvent encore plus fructifère pour l'État, et plus désirable pour les contribuables, que des dégrèvemens mal entendus, partiels et momentanés.

---

PARIS.

---

**JANVIER 1828.**

# AVERTISSEMENT.

L'IMPRESSION de cet ouvrage était déjà avancée, lorsque le Ministère de M. de Villèle a été changé.

Sous ce déplorable Ministère, penser encore à des améliorations, c'était rêver ; et, comme un rêve, j'ai dû présenter *mes idées en améliorations administratives et financières.*

# RÊVE D'AMÉLIORATIONS

## ADMINISTRATIVES ET FINANCIÈRES.

*Vœu de Résignation.*

Lorsqu'on est dans un état de mal-aise inquiétant, l'attente de la convalescence ne peut sans danger se trop prolonger.

Forcés de supporter encore cette nouvelle *nécessité*, attendons-nous et préparons-nous à *tout*; mais ne *brusquons* rien, et, pour signaler notre espoir dans quelque chance heureuse, prenons aussi pour nous cette devise de l'auteur de nos maux :

« *Tout vient à point à qui sait attendre.* »

Des velléités de résipiscence sont sans doute maintenant peu probables.

On a suivi une fausse direction; on y est trop profondément engagé pour qu'un amour-propre qui résiste opiniâtrement à l'influence de la raison cède à quoi que ce soit autre que *l'impérieuse nécessité*. On vivra ainsi au jour le jour avec accroissement des difficultés de notre situation, jusqu'à ce que le *génie du mal*, ne se trouvant plus abrité par l'égide du *génie du bien*, soit le premier englouti dans l'abîme.

Quelle sera l'époque de cette chute ?

Pour l'instant, Dieu seul le sait.

Ne désespérons pas, toutefois, de ses bontés; il nous a si souvent protégés, qu'on peut, sans trop d'illusion, espérer que les voeux de toute la France finiront par être entendus, et que la *vérité, toute la vérité, rien que la vérité*, percera enfin jusques au cœur de notre Monarque, si digne, surtout par le désir qu'il en a, et par le besoin qu'il en éprouve, d'être *chéri* et *adoré* de ses peuples.

*Mobile de direction.*

Aucune des créations des hommes, sans même en excepter les lois, ne peut atteindre la perfection.

L'examen des mesures législatives ne peut donc être considéré comme un manque de respect, ou comme un état d'insubordination, surtout lorsqu'il est dicté par de *pures intentions*.

Mon imagination pourrait, parfois, m'induire en erreur.

Ma capacité pourrait se trouver inférieure à mon zèle.

Mais ce qui, en moi, sera toujours invariable et immuable, ce sont l'amour de la vérité, mon dévoûment réel, et des vœux ardens pour le bonheur des Bourbons et la prospérité de la France.

De tels principes, qui doivent se trouver profondément gravés dans l'ame de tous les bons citoyens, ont d'autant moins besoin de quêter des éloges, qu'en dernier résultat les divers degrés de prospérité ou de détérioration d'un état rejaillissent plus ou moins directement sur chacun de ses membres, principalement sur ceux qui ont le plus à perdre.

Je suis heureusement dans cette dernière position, et dès-lors ma direction doit, sans autre supposition, être considérée comme suffisamment motivée, naturelle et bien entendue.

*Aspect de nos dangers.*

Nous n'avons ni l'*habitude*, ni l'*instinct*, ni l'*intérêt*, ni les *fils*, ni les *leviers* du machiavélisme.

Sous cet aspect, nos rivaux ont sur nous un grand avantage.

Depuis cinquante ans ils en usent bien amplement; et aujourd'hui, plus que jamais, notre ministère y prête la main.

Les fruits de cette direction nous ont valu, vers la fin du dernier siècle, les germes de notre révolution, et aujourd'hui ils nous valent nos fautes financières, qui pourraient bien être les avant-coureurs d'une *récidive*.

Respectivement, sous l'aspect de rivalité, le *malaise* des uns est un motif du *bien-être* des autres.

*Brûler* toutes les autres flottes est proportionnellement *augmenter* l'importance de celles qu'on posséde.

*Diminuer* chez ses concurrens les sources réelles de leurs richesses, c'est comparativement *accroître* celles dont on jouit.

Jeter chez eux des germes de dépérissement, de troubles, de *gêne* et *d'embarras*, c'est proportionnellement *accroître* les perspectives de bonheur et de puissance dont on se berce.

J'ai continuellement signalé ces points de mire.

*C'est là la principale source de notre mal.*

Tant que nos ministères n'auront pas assez *d'esprit national* pour se diriger par une *indépendance* commandée par nos *intérêts* et notre *génie*, nous serons comme des êtres à l'*agonie*, toujours sur les bords du *précipice.*

On cherche à nous persuader que les fils des révolutions sont et s'ourdissent en France.

En observant avec bonne foi tous les *antécédens*, il serait facile de reconnaître,

Que ce n'était pas là qu'ils existaient en 1788, lorsque nous sommes tombés dans les piéges que la *vengeance* nous a tendus;

Que ce n'est pas là qu'ils se trouvent aujourd'hui que notre direction obéit encore à *de jalouses influences ;*

Et que ce n'est pas là qu'ils se trouveront, si notre *aveuglement* et notre *imprévoyance*, en paralysant les germes de notre *esprit national*, nous exposent à des retours de semblables *paroxismes.*

Être menés à la lisière par des rivaux *égoïstes*, *envieux*, *jaloux* et *rusés*, est déjà un mal bien *poignant* pour ceux dont l'âme a encore quelque peu d'énergie; mais leur servir de RISÉE est un degré d'*humiliation intolérable*, et qui doit *révolter* les plus *apathiques.*

Et ce sera là où nous aurait conduits une *servilité d'intérieur*, guidée par une *servilité d'extérieur !*

Voilà ce qui *crispe*, ce qui *révolte*, ce qui *bouleverserait* un saint.

Si, dans de semblables directions, il était uniquement question d'argent, les dangers n'auraient pas une si haute importance. Ce ne serait, en dé finitive, qu'un déplacement de fortune. Les uns s'enrichiraient, les autres se ruineraient. Les alternatives de ce genre ont été encore bien plus prononcées pendant notre première révolution, et cependant la France n'en serait pas moins aujourd'hui également florissante, si le ministère, dans la position où il s'est placé, en avait le *vouloir*, et s'il avait *capacité suffisante* pour y réunir le *pouvoir.*

Mais ce n'est pas ainsi qu'en décident nos *machiavéliques* et *invisibles directeurs.*

Bien imbus de cette vérité, que *l'abrutissement*, le *fanatisme* et la *servilité* sont les seules causes réelles de la *ruine* des états, pour mieux *assurer* et *consolider* les résultats et les conséquences de la crise, ils coordonnent si bien les élémens de leurs dispositions, que, dans l'espoir d'en rendre les résultats *solides* et *durables*, ils nous y font marcher à pas lents, mais sans *déviation.*

*Et nous le souffririons patiemment ?*

Tout danger d'hostilité est *préférable* à celui de ne pas donner l'éveil sur de tels *pronostics*, lorsqu'on en pressent vivement *l'influence !*

Dussai-je, pour ma part, être *reprimandé*, *accusé*,.... je dirai hautement, avec *conviction* et *sans crainte :*

*Repoussons sans restriction les guides extérieurs, et soyons nos propres conseillers.*

*Autrement, avant peu, plus de salut, tout sera perdu.*

Si, relativement à notre ministère, tous autres motifs de blâme pouvaient s'oublier, celui d'une *condescendance coupable* et *envenimée* durerait même après nous.

Serait-ce là le genre *d'immortalité* qu'aurait envié l'auteur de nos maux! Dans ce cas, ses vœux devraient être comblés.

Que dès-lors on ne s'étonne pas si, dans mes discussions sur les finances, il a constamment régné une teinte de *persévérance inexorable* qu'on pouvait taxer *d'acharnement*. On ne doit l'attribuer qu'à mon intime conviction, qu'on plaçait la France dans un *imminent danger*.

## RÉSUMÉ

*Des dispositions financières de M. de Villèle.*

C'est maintenant une vérité incontestable, que les dispositions financières présentées par M. de Villèle ont été tellement combinées et suggérées, que l'amalgame de leurs élémens a *vicié* ceux d'entre eux qui, pris isolément, auraient pu, s'ils eussent été présentés convenablement et à propos, procurer des avantages soit *directs*, soit au moins *de conséquences*.

Certes, il était *juste* et *raisonnable* de subvenir aux indemnités, *légitimement dues, et formellement promises par le Roi :* mais pour que les ayant-droits et l'état ne fussent pas déçus dans leur espoir, et dans les promesses *emphatiques* qui leur étaient faites, il ne fallait pas prétendre se libérer *intégralement* des indemnités en faisant perdre aux indemnisés deux tiers de leur revenu et un tiers de leur capital; il ne fallait pas faire concourir les 3 pour cent à cette libération; il ne fallait pas même créer ce genre de valeur.

Il aurait été *avantageux* et *convenable* d'obtenir, du propre mouvement des porteurs de rentes cinq pour cent, une réduction d'un cinquième sur leur revenu; mais pour qu'ils n'eussent pas à se repentir de leur aveugle confiance, et que leur exemple ne servît pas dans l'avenir de leçon à d'autres *enthousiastes* trop crédules, il ne fallait pas qu'immédiatement les *convertis* se trouvassent déçus de l'assurance formelle qu'on leur avait donnée, qu'ils trouveraient, dans l'augmentation de leur capital, une *compensation* plus que suffisante pour *couvrir* la perte de leur revenu.

Il était *désirable* de procurer aux contribuables, par des *annihilations*, des décharges successives, même faibles; mais il ne fallait pas qu'elles fussent promptement *anéanties*, *absorbées*, *et au-delà même*, par des augmentations des capitaux de la dette.

Les auteurs des dispositions de M. de Villèle ont toujours feint d'ignorer qu'en finances surtout aucun élément ne doit être négligé; que tous doivent être approfondis dans leur état d'isolement, dans leur application, et dans les rapports et les proportions de leurs combinaisons.

Il est certain, par exemple, que la diminution des arrérages payés par un débiteur est pour lui un *avantage aussi réel qu'incontestable.*

Il est en même temps également *certain* qu'une augmentation du capital que doit débourser un débiteur pour obtenir sa libération est pour lui un *désavantage aussi réel qu'incontestable.*

Mais ne considérer ces élémens que dans leur état d'isolement, ainsi que l'ont toujours fait les partisans du ministère, sans fixer leurs rapports dans la balance de leurs résultats *avantageux* ou *désavantageux*, c'est suivre une marche dont les *divergences* ne peuvent conduire qu'à des propositions plus ou moins *erronées*.

Ce n'est qu'en établissant de telles balances, qu'on acquiert la possibilité de *modifier* et de *coordonner* les élémens qui doivent pour le présent et pour l'avenir influer les uns sur les autres.

C'est ce que n'a jamais *su ou voulu faire* M. de Villèle.

## *But de l'ouvrage.*

Lorsqu'on se trouve engagé dans une fausse route financière, des fautes nombreuses en dérivent successivement ; et, dans ce labyrinthe de maux, leur progression ne s'arrête même pas au bord du précipice.

La *nécessité* des emprunts en 1780 nous a été bien *funeste*, parce que nous n'avons su ni les *combiner* ni les *diriger*.

Dieu veuille que la *nécessité* des emprunts qu'exigera prochainement la position dans laquelle on nous a placés, ne nous présente pas des chances de la même nature !

C'est dans le but de *diminuer* au moins ces chances que j'ai entrepris cet ouvrage.

Lors même que pour l'instant il ne serait considéré que comme un rêve, il devrait au moins être sérieusement médité pour l'avenir.

Se restreindre à rêver le bien, lorsque ceux qui ont la puissance de le faire ne veulent pas *obstinément* en entendre parler, est une *nécessité* qu'on doit au moins chercher *à utiliser*.

Malheureusement il est des momens dans la vie, surtout à l'approche des crises, où l'on éprouve des pesanteurs et des lassitudes physiques et morales qui ôtent toute énergie, tout besoin, tout désir d'application agréable ou utile ; où enfin on n'aspire qu'au repos, à l'inertie, presqu'à la nullité de son être.

Politiquement, notre situation a trop souvent de l'analogie avec cet état maladif.

Alors nous nous décourageons et nous cherchons à peine à entrevoir quelque soulagement à nos maux, oubliant que le rétablissement de notre santé peut seul ramener notre bien-être, nos jouissances, et l'appréciation vraie et *confortable* de notre existence.

Sortons de cet état d'apathie, il en est temps encore; mais craignons par dessus tout, bien instruits que nous devons être par de fâcheuses expériences, que *la réaction ne dépasse l'action.*

Toujours en reprenant la plume, je me rappelle cette leçon indirecte de mon *respectable et vénéré* maître, monsieur Lavoisier.

Pour faire apprécier à ceux qui avaient le bonheur d'être admis à l'entendre combien dans des objets abstraits on devait s'appliquer à rendre ses idées *lucides*, il leur disait :

Savez-vous faire un nœud d'artificier?

—Non, lui répondait-on presque généralement.

— Rien de plus facile.

Tournant alors convenablement sur ses doigts un brin de fil, il présentait son ouvrage achevé.

Chacun répétant immédiatement la leçon, faisait un nœud parfait d'artificier.

—C'est bien, mes amis ; vous voilà passés maîtres.

Maintenant, prenez autant de papier qu'il vous conviendra ; écrivez à ceux de vos correspondans que vous jugerez les plus intelligens ; et, d'après votre description écrite, beaucoup sans doute feront un nœud d'artificier; alors seulement vous croirez à bon droit être *intelligible* pour la grande masse de vos lecteurs.

Puissent mes efforts, que je vais offrir à toutes les *intelligences*, être couronnés d'un semblable succès !

Le plan que je présente est fondé sur des propositions incontestables. Son application concourrait, j'en ai l'intime conviction, à la prospérité de l'état; mais probablement, malgré cette tendance, peut-être même en raison de cette tendance, l'assentiment du ministère lui sera *refusé*.

Trop heureux si ses dévoués, ayant la *générosité* de rompre le silence, veulent bien laisser échapper de leurs lèvres *cette sentence sans appel :*

IL NE LE VEUT PAS.

Tant qu'un tel ministère sera notre *régulateur*, il n'y a pas à *espérer d'améliorations réelles dans nos finances*, et nous serons presque réduits à répéter chaque jour à notre réveil :

« Rien de nouveau encore aujourd'hui : attendons à demain; peut-être enfin serons nous plus heureux. »

Combien les charmes du *pouvoir* et de la *grandeur* doivent avoir *d'amplitude*, lorsqu'ils ne sont pas susceptibles d'être *troublés* par de tels vœux.

Il faut bien réellement, pour être parvenu à un si haut degré de *perfection*, posséder une *intensité de capitulation de conscience* d'un ordre bien supérieur.

N'envions pas un tel genre de bonheur. Tôt ou tard il doit se payer trop chèrement !

Mais tout en rongeant notre frein, n'en persévérons pas moins intérieurement et publiquement dans nos dispositions et dans nos combinaisons d'amélioration. *Il faudra qu'enfin le bien se réalise :* et si, d'avance, on a mûri ses idées, on aura au moment opportun beaucoup abrégé les embarras et les difficultés.

L'état de civilisation de la France; son excellent esprit; sa vive imagination; son besoin et son désir de démêler en tout la vérité; et surtout l'influence de sa bonne étoile, qui ne l'a que rarement abandonnée, doivent affermir en nous cette pensée que dans son sein aucun germe fructifère ne peut jamais *avorter*, et que, tôt ou tard, il faut qu'il porte fruit.

A la vérité, M. de Villèle semble momentanément *invulnérable :* mais certes, il ne poussera pas la prétention jusqu'à rêver l'immortalité.

Le sens remarquable de l'apologue de La Fontaine est que tout est successivement *périssable*, SANS MÊME EN EXCEPTER LES JOUGS INTOLÉRABLES.

Malheureusement, pendant cette attente, nous pourrons être assimilés à ceux qui ne verraient dans un faible état de vitalité, qu'un genre d'existence incomplet, peu digne de reconnaissance.

Toutes les fois qu'un gouvernement, ayant à satisfaire à des besoins de nécessité ou de convenance, ne peut atteindre ce but par de nouvelles impositions, ou par des économies (réclamées sans cesse, mais constamment repoussées), il n'a d'autre moyen pour faire face à ces besoins que de recourir aux emprunts, qui en définitive ne sont bien réellement qu'*une représentation d'augmentation d'impôts moins forts, mais plus prolongés.*

Si c'est la nécessité qui commande l'emprunt, le gouvernement doit, en fin de compte, se résigner à des *sacrifices sans compensation.*

Si c'est la convenance, l'emprunt, au lieu de lui présenter des *pertes réelles*, doit au contraire lui offrir, par emploi, des *avantages pécuniaires.*

Dans tous les cas, la *perte*, si elle est nécessaire, s'atténue d'autant plus, ou bien l'*avantage* pécuniaire, s'il dérive de l'emploi, s'augmente d'autant plus, que les combinaisons de l'emprunt projetté sont mieux entendues.

Nous avons, et bientôt nous aurons bien plus

encore, des besoins de *nécessité*, fruits d'une administration *inhabile et incapable*, et des besoins de *prévoyance* et de *convenance*, fruits d'une nouvelle administration *perspicace*, *éclairée*, *et vouée à la prospérité de l'état.*

Ce sont ces deux genres de besoins que j'ai cherché à satisfaire.

Si je basais la *réalisation* du *bien désiré* et *possible* sur des sources *d'économies* ou sur des sources de *nouveaux impôts*, je serais, sous l'aspect des économies, complètement *repoussé* par le ministère actuel; et, sous l'aspect de nouvelles impositions, je le serais également sans doute par le ministère qui remplacera prochainement celui que nous *bénissons* et que nous *chérissons* si *tendrement* depuis *sept longues années.*

Mais, *heureusement*, je n'aurai pas besoin, pour effectuer le *bien*, de recourir à aucune de ces sources.

Un sage, perspicace et convenant emploi de ce qui existe, et de ce que l'expérience a prouvé *tolérable* et *supportable*, me suffira.

Ainsi, une bonne direction deviendra notre *sauveur.*

Aux bords du précipice, *tous*, sans exception, y trouveront de *l'avantage*, et acquerront de nouveaux motifs de *chérir et de bénir la vénérée famille des Bourbons.*

Voici le rapprochement des résultats que renferme le plan.

1.° Il ôtera aux contribuables toutes craintes de nouvelles surcharges, relativement aux besoins prochains, *très-probables*, et *assez généralement pressentis*, *désirés* ou *provoqués*, auxquels mon plan offrira les moyens de *satisfaire*.

Sous cet aspect, il procurera indirectement des soulagemens.

2.° Il assurera le paiement *intégral* du milliard que le gouvernement a proclamé devoir légalement aux indemnisés.

3.° Il améliorera la position des convertis, en assurant leur libération au *pair*; et il réparera, autant que possible, les *fâcheuses conséquences* de la *création* des 3 pour cent.

4.° Il garantira aux rentiers, 5 pour cent, l'*inaltérabilité* de leur revenu, basé sur ce taux pendant 55 années, et le remboursement intégral de leur capital à quelqu'époque que puisse avoir lieu la libération de l'état pendant ce laps de temps.

5.° Il assurera à la marine un secours de 250 millions pour *maintenir* et *accroître* notre puissance coloniale, et surtout pour *rétablir* la balance avantageuse de notre commerce extérieur, source la plus *efficace* des *prospérités*, des *jouissances*, et de la *puissance relative* des nations.

6.° Il donnera les moyens *d'améliorer* nos routes et nos canaux déjà existans, et de *pourvoir à l'éta-*

*blissement* de nouvelles routes et de nouveaux canaux réclamés par la prospérité de l'état, par l'agriculture, l'industrie, le commerce, nos besoins et nos jouissances, en procurant, pour cette application, un fond de 300 millions.

7.° Il assurera pour les besoins de la *guerre*, si elle devenait *nécessaire*, ou pour des améliorations que permettrait le *maintien* d'un état de paix, si l'on est assez heureux pour pouvoir marcher dans cette voie de beaucoup préférable, un secours de 300 millions.

8.° Il augmentera à *perpétuité* de 200 fr. le traitement *annuel* de chacun des cinquante mille curés ou vicaires.

9.° Il donnera à *perpétuité* à l'instruction élémentaire un secours *annuel* de 2,600,000 fr.

10.° Il assurera à l'état, après son exécution, la rentrée d'un emprunt de 252 millions, dont il n'aura qu'à servir l'intérêt, sans avoir, à aucune époque, à s'occuper de son remboursement.

11.° Il diminuera, à partir de l'achèvement de son exécution, nos dépenses de près de moitié.

---

*De la nature ae nos besoins, et des moyens d'y satisfaire.*

Un gouvernement n'a que trois moyens de subvenir à ses besoins :

*Aliénations de propriétés; impositions; emprunts.*

Nous n'avons pas de propriétés *aliénables.*

De l'aveu de *tous*, on ne pourrait, raisonnablement, projetter aucune *augmentation d'impôts*, surtout en réfléchissant que, comparativement à ceux de 1780 et de 1800, ils sont aujourd'hui presque doublés, quoique notre territoire ne soit pas *augmenté*, et quoique notre balance avantageuse du commerce extérieur soit *diminuée* de près de 70 millions, et *réduite presque à rien*, si toutefois elle existe encore en *notre faveur*.

Ainsi, en *fait*, la masse de nos richesses est *diminuée*, tandis que l'importance de nos dépenses est *doublée.*

Dans une telle position, il ne nous reste donc, pour faire face à de nouveaux besoins, quelles qu'en puissent être *l'importance* et la *source*, que des *économies* et des *emprunts.*

Des *économies !* Depuis la restauration on n'a cessé d'en *réclamer*; et loin d'en obtenir, chaque année a vu *s'accroître les dépenses.*

En approfondissant les élémens de nos budgets, il est, au surplus, facile de reconnaître qu'il devait en être ainsi avec le système adopté et suivi par le ministère.

En effet, près des quatre cinquièmes de nos dépenses se composent d'objets dont une partie ne peut être susceptible de réductions, et qui, pour le plus grand nombre, ne peuvent en faire espérer que de long-temps.

Dans cet ensemble de dépenses, pour ainsi dire *invariables*, doivent se ranger la liste civile; le service des rentes; celui de la dotation de l'amortissement; les pensions de toutes natures; les dépenses relatives à l'ordre judiciaire, aux chambres parlementaires, à l'entretien de nos armées, de notre marine, de nos routes, de nos canaux, des cultes, et d'autres dépenses également indispensables au salut de l'état.

Reste dès-lors à peine deux cent millions de dépenses, sur lesquelles on pourrait raisonnablement *espérer* quelques *réductions*.

Dans cette somme se trouvent compris plus de cent vingt millions de frais de perceptions, sur lesquels j'ai démontré qu'il y aurait *possibilité*, même *facilité*, de faire une réduction du quart. On ne l'a pas voulu, et on a persisté dans cette fixation du taux *exorbitant* de 18 pour cent sur nos recettes, pour subvenir à leurs frais de perception.

Resterait donc environ cent millions, sur lesquels on pourrait plus ou moins utilement réclamer des réductions.

Ils se composent des frais *administratifs*.

En supposant même que, dans l'état des choses et de tous les rapports existans, il n'y eut pas plus que de la *sévérité* à les obtenir, qu'en retirerait-on? A peine dix millions, actif à-peu-près *nul* pour faire face aux exigeances que signalent déjà les *perspicacités* les moins *timorées* et les plus *modérées*.

En effet, dans l'horison ténébreux, même *orageux*, que présente l'état *politique* de l'Europe, nous pouvons bien nous égarer sur l'*importance*, mais non sur l'*existence* de *nouveaux* et *prochains besoins*, qui, fussent-ils même *supportables*, ne pourraient pas bien certainement être couverts par nos ressources *directes*.

Viendraient en outre comme bien dignes aussi de fixer notre attention, nos besoins d'intérieur. Sur ceux-là, il n'existe pas de *divergence d'opinion ;* toutes les pensées, dans quelque catégorie qu'elles se rangent, les signalent.

Les plus importans de ces besoins d'intérieur sont:

Les dépenses pour un accroissement de notre marine, accroissement qui tient si essentiellement à notre *prospérité réelle* et *relative*.

Les dépenses nécessaires à la *restauration*, l'*amélioration* et l'accroissement de nos routes et de nos canaux ; résultats qui peuvent si efficacement contribuer à notre prospérité d'intérieur, en augmentant notre aisance et nos jouissances.

Généralement, de tels genres de dépenses, *bien*

*entendues* et *bien combinées*, sont d'autant moins à *redouter*, qu'elles peuvent être envisagées comme une spéculation *assurée* si, surtout, après prélèvement fait des *bénéfices* que doivent s'en promettre les spéculations particulières, l'*avantage matériel* et de *rapport* qu'en retire le gouvernement *dépasse* ses charges relatives à l'*obtention* du secours.

Cette application, qu'on peut toujours en définitive rendre si *prospère* pour les états qui savent en user *convenablement* et avec *intelligence*, ne pourrait, dans notre position, se *réaliser* que par des emprunts.

Il en serait de même de certaines dépenses généralement *réclamées*.

Telles sont, par exemple :

Les *augmentations* de traitement du bas clergé;

Et *l'accroissement* des secours nécessaires à *l'extension* de l'instruction élémentaire.

Ainsi, il est constant que, pour notre plus grande *prospérité d'intérieur*, des *augmentations* de secours, pour satisfaire à nos dépenses, sont *indispensables;* et que, pour notre *sûreté* ou au moins notre *prospérité d'extérieur*, de nouveaux secours sont également *indispensables.*

Il est de même évident que, dans la position où nous nous trouvons placés, *des emprunts sont la seule ressource qui nous reste pour satisfaire à ces deux genres de besoins.*

Mais pour que des emprunts soient *profitables*

et ne soient pas au contraire *préjudiciables* à ceux qui en usent, il faut qu'ils soient bien *combinés* et convenablement *entendus*

Il faut surtout que l'*agglomération* de leurs élémens ne se trouve pas *entravée* par des *antécédens intempestifs*.

C'est principalement dans ces *convictions*, et surtout avec la pensée qu'il ne se passerait pas un long laps de temps avant que, par *entraînement*, par *convenance* ou par *besoin*, le gouvernement ait recours à de nouveaux emprunts, que j'ai fait tous mes efforts pour mettre *complètement à nu* les plans des 3 pour cent.

Je voyais en eux deux genres de résultats *funestes*: leurs résultats *directs* et *absolus*; leurs résultats de *conséquences*.

Aujourd'hui, que la loi est rendue, nous ne pouvons plus rien sur leurs résultats directs, matériels et absolus; mais, au moins, pouvons-nous encore *tout* sur leurs résultats de conséquences.

C'est dans le but de les *éviter* que je vais approfondir l'ensemble des combinaisons de tous les élémens des emprunts, et que je vais m'attacher à *éclaircir* et à *résoudre* cette question, *aussi neuve qu'importante*;

*Quel est le mode et quelles sont les combinaisons d'emprunt les plus convenables aux intérêts et aux dispositions des gouvernemens*, emprunteurs, *et des capitalistes à placement*, prêteurs?

*Des élémens des créations de rentes ; des modes de libération des emprunts ; de leur aspect caractéristique ; des conditions de leur réalisation ; et de la comparaison de leurs résultats.*

Ce qu'on nomme *rentes* sur l'état, est un revenu *déterminé invariablement dans son importance.*

Le capital que présente ce revenu, au moment de la création de la rente, se nomme *capital constitué* ou le *pair* de la rente.

Le titre de cette rente ou revenu, *insaisissable*, *négociable* et *transmissible* par transfert, se nomme *inscription.*

Le prix consenti entre le vendeur et l'acheteur d'une inscription se nomme le *taux vénal* de la rente.

Sur toutes les places de l'Europe, on n'a encore créé que des rentes 5 pour cent, 4 1/2 pour cent, 4 pour cent, 3 1/2 pour cent, et 3 pour cent.

Une rente dite 5 pour cent donne, pour un capital de 100 fr., un revenu de 5 fr.; et de même une rente dite 3 pour cent donne, pour un capital de 100 fr., un revenu de 3 fr.

On peut emprunter à 5 pour cent, soit sur des 5 pour cent, soit sur des 4 1/2 ou des 4 pour cent, soit sur des 3 1/2 ou des 3 pour cent.

Si on emprunte 100 fr. à 5 pour % sur une nature quelconque de rentes, l'emprunteur doit donner un revenu de 5 fr. en celles de ces rentes choisies pour l'emprunt, et doit par suite, pour équilibrer le capital de l'emprunt, fixer le taux vénal ou de convention de la rente qu'il délivre au prêteur, de telle manière qu'il représente, pour les 5 fr. de rentes, un capital de 100 fr.

Dans un emprunt de 100 fr., fait à 5 pour % sur des 5 pour cent, cette valeur doit donc être donnée au pair de 100 fr., afin de représenter un capital de

100 *francs.*

---

Dans un emprunt, fait à 5 pour %, sur des rentes 4 p. cent, ces rentes devront être données au taux de 80 fr. pour produire au prêteur l'intérêt de 5 p. %. Ainsi, pour 80 fr. on donnera, en capital constitué à 4 pour %, 100 fr, et pour 100 fr.

125 *francs.*

---

Enfin, dans un emprunt, fait à 5 pour %, sur des rentes 3 pour cent, ces rentes seront données au taux de 60 fr. pour produire au prêteur l'intérêt de 5 pour %. Ainsi, pour recevoir 60 fr., il faudra donner, en capital constitué à 3 p. %, 100 fr., et pour un emprunt de 100 fr.,

166 *fr.* 67 *cent.*

---

La libération de tout emprunt ne peut avoir lieu que par *remboursement* ou par *amortissement.*

Le remboursement consiste à rendre *intégralement* au prêteur, à *époque convenue*, la somme reçue par l'emprunteur.

L'amortissement consiste à racheter la rente à son taux vénal.

Dans les emprunts remboursables, la libération ne peut se faire qu'au taux de la négociation de l'emprunt, c'est-à-dire, par suite de l'essence de ce mode d'emprunt, au taux constitué de la valeur sur laquelle on emprunte.

Dans les emprunts amortissables, la libération peut se faire à un taux vénal égal, ou inférieur ou supérieur à celui de la négociation de l'emprunt, mais jamais au-dessus du taux constitué de la valeur sur laquelle s'est fait l'emprunt.

A *égalité* entre le taux constitué et celui du *rachat*, la libération est *facultative* pour l'emprunteur et *forcée* pour le prêteur.

A *infériorité* du taux vénal sur le taux constitué, la libération est *facultative* pour le prêteur, et *forcée* pour l'emprunteur.

A *supériorité* du taux vénal sur le taux constitué, il n'y a pas de *libération possible.*

Avec le remboursement, l'emprunteur et le prêteur *ne courent aucune chance*, et peuvent, à tout instant, *calculer leur véritable état de situation.*

Avec l'amortissement, l'emprunteur et le prêteur sont, *en sens inverse*, assujettis à des *chances d'éventualité*, et ne peuvent, à aucune époque, *calculer d'une manière absolue leur véritable état de situation.*

Le mode de remboursement ne donne pas de prise à *l'agiotage.* Puisant son avantage dans son taux d'intérêt, comparé au taux de l'intérêt légal pris pour unité, la *latitude* de la circulation se réduit aux *besoins réels* des vendeurs et des acheteurs.

Le mode d'amortissement est, au contraire, en raison de ses chances d'éventualité, un *aliment presqu'inépuisable de jeu.*

Les emprunts remboursables, assurant un revenu égal au taux de l'intérêt de l'emprunt, et, pour libération, un capital égal à celui qu'a procuré l'emprunt, ont, lorsqu'ils sont faits sur des rentes, cela de *caractéristique*, qu'ils ne peuvent avoir lieu que sur des valeurs dont le taux d'intérêt soit le même que celui de l'emprunt, et dont le taux constitué égale le taux de l'emprunt.

Les emprunts amortissables assurant un revenu égal au taux de l'intérêt de l'emprunt, mais se trouvant assujettis à une libération variable dans son importance, qui, toutefois, ne peut jamais dépasser le taux constitué de la valeur sur laquelle est fait l'emprunt, ont cela de *caractéristique :*

1.° Qu'ils ne peuvent être faits sur des valeurs dont le taux d'intérêt serait *supérieur* à celui de l'emprunt, parce qu'autrement la libération équivaudrait, pour le gouvernement emprunteur, à un état de *banqueroute*.

2.° Qu'ils ne peuvent pas davantage se faire sur des valeurs dont le taux d'intérêt serait *égal* à celui de l'emprunt, parce qu'il n'y aurait plus, pour le prêteur, que des *chances de pertes sans compensation*.

3.° Qu'enfin, il n'y a d'emprunts amortissables possibles, que ceux faits à un taux d'intérêt quelconque, sur des valeurs dont le taux d'intérêt est *inférieur* à celui de l'emprunt.

Dans l'emprunt remboursable, la puissance amortissante peut être aussi *minime* qu'il convient à l'emprunteur, sans que le prêteur en éprouve aucune *lésion*.

Dans l'emprunt amortissable, la puissance amortissante doit être relative à la *durée de la libération*, *impérieusement commandée par la position des prêteurs*.

Aussi, à égalité de moyens annuels de libération, la masse de secours qu'on peut obtenir par voies d'emprunts remboursables est infiniment supérieure à celle qu'on peut obtenir par voies d'emprunts amortissables.

Dans l'emprunt remboursable, la *durée* de la libération, et conséquemment *l'importance des jouissances réelles*, peut être aussi prolongée qu'il convient à l'emprunteur, sans que le prêteur puisse, par cette prolongation, éprouver aucune lésion.

Dans l'emprunt amortissable, au contraire, la durée de la libération ne peut dépasser l'époque à laquelle le prêteur aurait à supporter une *série de chances de pertes assurées sans compensation ;* ce qui, nécessairement, *diminue* l'importance des jouissances réelles de l'emprunteur.

Dans l'emprunt remboursable, le véritable taux des jouissances réelles est *invariable* et *stationnaire*, et est, au commencement comme à la terminaison de l'emprunt, égal au taux de l'intérêt de l'emprunt.

Dans l'emprunt amortissable au contraire, le véritable taux de l'intérêt des jouissances réelles suit annuellement une progression croissante, et est, à chacune des époques de la durée de la libération, toujours *supérieur* au taux de l'intérêt de l'emprunt; ce qui fait que le véritable taux de l'intérêt de l'ensemble des jouissances réelles est toujours *supérieur* au taux de l'intérêt de l'emprunt, et doit même être, pour que l'emprunt soit *réalisable*, toujours *supérieur* au taux de l'intérêt légal.

Considérées dans leur état d'isolement, les sources de *bénéfices* pour les emprunteurs sont, dans l'emprunt remboursable, la différence en moins du taux de l'intérêt de l'emprunt, comparé au taux de l'intérêt légal; et dans ce genre d'emprunt les sources de *pertes* pour les prêteurs, sont la différence en moins du taux de l'intérêt de l'emprunt, comparé au taux de l'intérêt légal.

Considérées dans leur état d'isolement, les sources de bénéfices pour les emprunteurs sont, dans les emprunts amortissables, la diminution possible du revenu qu'ils ont à payer, comparativement à celui qu'ils auraient à payer, si l'emprunt était fait au taux légal; et la source de leurs *pertes* est l'*augmentation du taux vénal des rachats.*

Considérées de même dans leur état d'isolement, les sources de *bénéfices* pour les prêteurs sont, dans les emprunts amortissables, *l'accroissement du taux vénal;* et la source de leurs *pertes* est la *diminution du revenu* que leur procure l'emprunt, comparée au revenu que leur aurait procuré pareille somme placée au taux légal.

Dans les emprunts amortissables, en supposant toutes autres circonstances égales, soit la *diminution d'avantages*, soit la *perte* pour l'emprunteur, de même que soit la *diminution de perte*, soit le *bénéfice* pour le prêteur, sont d'autant plus considérables, que le taux vénal des rachats se rapproche davantage du taux constitué.

Au-delà de ce terme, il ne peut plus y avoir, pour l'emprunteur, qu'avantage sur les arrérages, en les supposant inférieurs à ceux du taux légal; et, dans la même supposition, il ne peut plus y avoir, pour le prêteur, que détérioration, et successivement *perte croissante.*

Si, à une époque quelconque de libération, le taux vénal s'élevant au taux constitué, l'augmentation sur le capital produit, en fin de compte, une somme dont l'importance est *égale* ou *inférieure* à celle de la perte, en capital et intérêts, résultante de la diminution du revenu, tous les porteurs d'inscriptions non encore libérés ont une *certitude de perte* jusqu'à l'achèvement de la libération.

Si, à cette même époque de libération, l'augmentation sur le capital est *supérieure* à la perte, en capital et intérêts, résultante de la diminution de revenu, il y a *momentanément* bénéfice pour les prêteurs non encore libérés, mais seulement jusqu'au moment où l'importance de la diminution du revenu, en capital et intérêts, *égale* celle de l'augmentation du capital.

D'où il résulte que l'emprunteur et le prêteur qui connaissent, dès le moment de la tentative de l'emprunt, le taux de son intérêt, ont le besoin de connaître, au moins *approximativement*, le taux et la durée de la libération, afin de pouvoir, par suite, établir le véritable taux de l'intérêt des jouissances réelles.

A cette fin, on doit d'abord observer que la *perte* pour le prêteur, et le *bénéfice* pour l'emprunteur, qui dérivent, dans les emprunts amortissables, de la différence de revenu qui existe entre celui du taux de l'emprunt et celui de pareille somme placée au taux de l'intérêt légal, se renouvelant tous les ans, sont, par cela même, passibles d'intérêts, pendant toute la durée de la libération : tandis que le bénéfice pour le prêteur, et la perte pour l'emprunteur, qui dérivent de l'augmentation du capital, n'ayant lieu qu'au moment de la libération, et s'acquittant en une seule fois, ne comportent pas d'intérêts, et ne peuvent dès-lors entrer, en fin de compte, dans sa composition, que comme capital brut.

D'où il résulte que, dans toute combinaison d'emprunt amortissable, où le taux de l'intérêt est *inférieur* au taux de l'intérêt légal, le prêteur a intérêt à ce que la durée de la libération ne se prolonge pas, et qu'elle ait pour limite l'époque où la *perte* sur le revenu, en capital et intérêts, se trouverait *égale* au bénéfice, si non assuré, au moins possible sur le capital.

La comparaison entre des emprunts remboursables et des emprunts amortissables, d'une égale importance, faits au même taux d'intérêt, et dont la libération aurait lieu au même taux vénal, prouve que, pendant la première moitié de la durée de la libération, les débours, pour la libération sont un peu *moins considérables* dans l'emprunt amortissable qu'ils ne le sont dans l'emprunt remboursable; tandis que dans la seconde moitié de la durée de la libération les débours de l'emprunt amortissable sont au contraire *plus considérables* qu'ils ne le sont dans l'emprunt remboursable; différences qui, respectivement, donnent, en fin de compte, un *désavan-*

*tage matériel* à l'emprunt amortissable, comparativement à l'emprunt remboursable.

En général, l'aspect des comparaisons des emprunts remboursables et des emprunts amortissables prouve,

Que, à égalité d'autres élémens, l'emprunt remboursable est *pécuniairement plus avantageux*, tant sous l'aspect de l'absence des chances détériorantes, que sous celui de l'intérêt pécuniaire, et surtout de conséquences, que l'emprunt amortissable, non-seulement aux emprunteurs, mais même en définitive à l'ensemble des prêteurs.

L'emprunt amortissable ne pourrait donc obtenir de préférence sur l'emprunt remboursable, que dans l'intérêt des *joueurs* et des capitalistes à spéculation.

Mais si, contrairement à cet aspect réel, on pouvait encore se déterminer à quelque tentative d'emprunt amortissable, au moins faudrait-il qu'un tel emprunt fut *réalisable*, et, pour y parvenir, il faudrait avant tout :

1.° Que les sacrifices de l'emprunteur fussent *en sens inverse de son crédit.*

2.° Que l'ensemble des combinaisons de l'emprunt projeté donnât aux prêteurs, en fin de compte, un taux d'intérêt égal, ou à très-peu-près égal au taux de l'intérêt légal.

3.° Enfin, que ces combinaisons fussent telles, qu'aucun de leurs résultats ne présentât pour le prêteur des *chances assurées de pertes.*

Relativement à l'appréciation du crédit de l'emprunteur, voici les réflexions que doit faire le prêteur.

Les principales sources du crédit d'un emprunteur sont, non-seulement sa *volonté* et ses *moyens d'exécution* et de *libération*, ou, ce qui revient au même, sa *solvabilité morale* et *de fait*, mais encore le rapport existant entre la masse d'argent *disponible* par les prêteurs, et les *besoins* de l'emprunteur.

L'indice de la *latitude* de ce crédit est le véritable taux de l'intérêt que comportent les jouissances réelles de l'emprunt, comparé au taux de l'intérêt légal du pays où se fait l'emprunt.

Lorsque le taux de l'intérêt des jouissances réelles de l'emprunt *dépasse* le taux légal, on doit penser que le crédit de l'emprunteur n'est pas dans sa *plénitude*.

La conclusion contraire doit exister, lorsque le véritable taux de l'intérêt des jouissances réelles, procurées par l'emprunt, est *inférieur* au taux légal.

Voici les observations à faire relativement à la seconde condition de la possibilité de réalisation de tentative d'emprunt, savoir : que le véritable taux d'intérêt *direct* ou *indirect* de l'emprunt soit égal, ou au moins presqu'égal, au taux de l'intérêt légal.

Aussi long-temps que le taux légal n'éprouvera pas de variations, et qu'il existera en circulation des rentes 5 pour cent, ce serait en effet se faire illusion d'espérer que les prêteurs, et surtout les capitalistes à placement, donneraient leur assentiment à des projets d'emprunts remboursables ou amortissables qui ne leur procureraient pas, directement ou indirectement, un taux d'intérêt de 5 pour %.

Si le projet d'emprunt est remboursable, il faudra donc, pour qu'il puisse se *réaliser*, que son taux apparent d'intérêt soit de 5 pour %.

Si le projet d'emprunt est amortissable, il faudra, pour qu'il puisse se *réaliser*, que son taux apparent d'intérêt, augmenté de l'accroissement du capital résolu en intérêts, atteigne l'intérêt de 5 pour %.

Ne pas satisfaire à ces conditions, en projettant aujourd'hui des emprunts, serait se placer dans la presque certitude de la non-réalisation de ces projets.

Voici les observations à faire relativement à la troisième condition de la possibilité de réalisation des projets d'emprunt, savoir : que dans ses combinaisons il n'existe pas, pour le prêteur, *des chances assurées de pertes*.

Dans les emprunts remboursables, les calculs qui conduisent à ce but ne sont ni longs ni embarrassans.

Dans les emprunts amortissables, les chances d'éventualité dont ils se composent ne peuvent, au contraire, permettre aux emprunteurs et aux prêteurs d'établir ainsi leur position dans l'avenir, à quelqu'époque que ce soit, qu'en prenant, comme point de départ, des *suppositions* plus ou moins probables et se rapprochant, autant que possible, de la certitude.

Pour apprécier les conditions à remplir pour atteindre ce but, recherchons l'influence qu'ont les uns sur les autres les élémens qui entrent dans les combinaisons des emprunts.

Ces élémens sont, dans les emprunts remboursables :

1.° L'importance de l'emprunt;

2.° Son taux d'intérêt;

3.° L'importance des jouissances réelles de l'emprunteur, c'est-à-dire de ses jouissances défalcation faite de ses charges de libération;

4.° L'importance et les époques des libérations partielles;

5.° La durée de la complète libération.

Tous ces élémens sont déterminés et connus au moment de la tentative de l'emprunt.

L'emprunteur et le prêteur peuvent donc, avant même la réalisation de l'emprunt, en calculer tous les résultats et toutes les conséquences.

Les élémens qui entrent dans l'ensemble des combinaisons des emprunts amortissables sont :

1.° L'importance de l'emprunt;

2.° Son taux d'intérêt;

3.° La valeur sur laquelle on emprunte;

4.° Par suite, son taux vénal dans la négociation de l'emprunt;

5.° L'importance de la somme fixe qu'on consacre annuellement à la libération, somme qu'on nomme *dotation ;*

6.° L'importance des jouissances réelles, c'est-à-dire des jouissances défalcation faites des charges de la libération ;

7.° L'augmentation du capital résultant du taux vénal des rachats, plus élevé que le taux vénal de la négociation de l'emprunt ;

8.° Le taux des rachats, pour amener à libération ;

9.° Enfin, la durée de la complète libération.

De ces neuf élémens, les cinq premiers peuvent se déterminer directement, au moment de la proposition de l'emprunt ; les quatre autres sont éventuels ; mais comme le 6.e et le 7.e sont dépendans du 8.e et du 9.e, il en résulte qu'il n'existe, dans toute combinaison d'emprunt amortissable, que deux inconnus, savoir :

Le taux vénal des rachats, et la durée de l'achèvement de la libération ;

Et comme, réciproquement, ces deux inconnus sont dépendans l'un de l'autre, il résulte que, connaissant directement les cinq premiers élémens, on peut, en établissant, par induction, l'un des deux inconnus, le 8.e ou le 9.e, obtenir l'ensemble des élémens de l'emprunt, et, par suite, en arrêter, *par avance*, tous les résultats, et toutes les conséquences.

Arrivé à ce point de recherches, l'emprunteur et le prêteur sont en état de prononcer sur la possibilité de *réalisation* de l'emprunt projeté, et sur *ses avantages ou désavantages partiels ou d'ensemble.*

C'est là un travail préliminaire que les gouvernemens *sages* et que les prêteurs *prudens* doivent toujours faire avant de s'engager dans aucune négociation d'emprunt.

Le choix de celui des deux inconnus *à établir, par induction*, doit se porter sur le taux des rachats, parce que la durée de la libération dépend directement de cette fixation.

Voici les observations qui doivent servir de base à cette *induction.*

Dans l'*intérêt moral et de conséquence* du gouvernement emprunteur, le taux vénal de la valeur de l'emprunt doit *annuellement augmenter* d'une somme égale au quotient de la différence entre le taux constitué et le taux vénal de l'emprunt, divisé par la durée de la libération.

Ce résultat est d'ailleurs presque commandé, tant à raison de la *diminution annuelle* des rentes en circulation, que de l'*augmentation annuelle* de la puissance amortissante qui doit s'appliquer à la libération des rentes encore en circulation.

On peut également, et d'après les mêmes principes, fixer, dans l'ordre des probabilités, le taux moyen des rachats, comme étant égal à la moitié de la somme du taux constitué de la valeur sur laquelle on emprunte, et du taux vénal de cette valeur dans l'emprunt.

Connaissant ainsi l'ensemble des élémens d'un projet d'emprunt, le prêteur peut :

1.° S'assurer s'il ne présente pas pour lui des chances certaines de pertes, et dès-lors, soit refuser d'y concourir, soit faire augmenter l'importance de la dotation, afin de raccourcir d'autant la durée de la libération.

2.° Etablir quel sera, à chacune des époques qu'il pourrait choisir pour sa libération, le taux véritable de l'intérêt de ses débours, et, par suite, si, comparativement au taux légal, l'emprunt, en le supposant réalisable, lui présenterait de *l'avantage* ou du *désavantage*.

De son côté, l'emprunteur peut déterminer l'importance du véritable taux d'intérêt de ses jouissances réelles, soit *annuelles*, soit dans leur *ensemble*.

Approfondissons d'abord la marche que doit suivre le prêteur, pour écarter des combinaisons du projet d'emprunt toutes les chances assurées de pertes.

Supposons que le gouvernement se propose de faire à 4 pour % sur des 3 pour cent un emprunt de 100 millions.

Pour chaque 100 fr. il donnera au prêteur 4 fr. de rentes, 3 pour cent, qui, au taux constitué, représenteraient un capital de 133 fr. $\frac{1}{3}$ ; mais comme, ne fût-ce que par maintien des convenances, il ne doit pas afficher qu'il donne un capital plus considérable que celui qu'il reçoit, il doit fixer le taux vénal des 3 pour cent à

75 fr. pour 3 fr.

Alors les 4 fr. de rentes en 3 pour cent ne représentent qu'un capital de 100 millions, égal au montant de l'emprunt.

Ainsi pour chaque versement de 75 fr., le prêteur recevrait, en rentes 3 pour cent, un revenu de 3 fr., qui, au taux vénal, représente 75 fr., et qui, au taux constitué, représente 100 fr.

En employant, en placement au taux légal, la même somme de 75 fr., le prêteur se serait fait un revenu de.................... 3 fr. 75 c.

En plaçant dans l'emprunt, son revenu n'est que de................. 3 »

Il perd donc en revenu.......... 0 75 c.

Et il a la chance de gagner sur son capital

25 fr.

Le problème à résoudre pour lui, afin de le garantir de toutes chances assurées de pertes, est donc celui-ci :

Au bout de quel temps une somme annuelle de 75 c. s'élèvera-t-elle, en capital et intérêts, à une somme de 25 fr. ?

Des calculs convenables prouvent que ce serait au bout de

19 ans, 10 mois, 10 jours.

Ainsi les prêteurs ne voudraient pas participer à la tentative de l'emprunt, si, par suite de l'ensemble de ses combinaisons, la durée de la libération devait excéder 19 ans, 10 mois, 10 jours;

Parce que tous les prêteurs non encore libérés à cette époque auraient, sans compensation, une chance assurée de perte.

Même dans ce cas, il leur resterait encore les intermédiaires de libération, qui ont, par essence, cela de remarquable que, en supposant même accroissement graduel et égal du taux vénal de l'emprunt, depuis l'origine jusqu'à l'achèvement de la libération, le bénéfice résultant de cet accroissement, très-peu important à la première année, augmente faiblement jusqu'à la moitié de la durée de la libération, puis va en décroissant, depuis cette époque intermédiaire jusqu'à l'achèvement de la libération.

Le gouvernement, pour rendre son emprunt réalisable, devant le soumettre à cette *fixation* de durée de libération, doit déterminer l'importance de la *dotation* exigée par cette fixation.

Pour élément de ses calculs, le gouvernement devra à cet effet, ainsi que nous l'avons dit ci-dessus, prendre comme taux moyen de ses rachats celui de

87 fr. 50 cent. pour 3 fr.

---

Le problême à résoudre pour lui sera donc celui-ci:

Au taux de rachat de 87 fr. 50 c. pour 3 fr. , quelle devra être l'importance de la dotation pour effectuer, en 19 ans, 10 mois, 10 jours, la libération d'une somme de

116,666,666 fr.

---

Des calculs convenables prouvent que l'importance de cette dotation devrait être de

4,147,000 fr.

---

Au moyen de cette création de dotation et de cette durée de libération, les prêteurs n'ayant plus à *craindre* de chances assurées de pertes, le projet d'emprunt aura une exécution *réalisable.*

Restera à savoir, pour le gouvernement emprunteur, si son intérêt pécuniaire le porte à désirer et à obtenir cette réalisation , et ne le porte pas bien plutôt à désirer et à obtenir un emprunt remboursable d'une même importance , et fait à un égal taux *apparent* d'intérêt.

Voici la marche que doit suivre l'emprunteur pour résoudre ce problême :

Les déboursés annuels pour le paiement des arrérages s'élèveraient à ......... 4,000,000 fr.

Les dépenses annuelles pour la dotation s'élèveraient à ............. 4,147,200

Ensemble .................... 8,147,000 fr.

Pendant les 19 ans, 10 mois, 10 jours de la durée de la libération, les dépenses annuelles s'élèveraient à.......................... 161,803,392 fr.

| | |
|---|---|
| Dont à reporter sur la libération. | 116,666,666 |
| Reste à appliquer aux arrérages. | 45,136,726 fr. |

Lesquels, à l'intérêt de 4 pour cent, supposent un capital de

1,128,418,150 fr.

On peut donc dire que la jouissance réelle procurée par l'emprunt équivaut à la jouissance, pendant une année, d'une somme de

1,128,418,150 fr.

| | |
|---|---|
| Rendant........................ | 116,666,666 fr. |
| et ayant seulement reçu........ | 100,000,000 |
| la perte sur le capital est de.... | 16,666,666 |

En mettant cette perte en rapport avec la jouissance, on trouve qu'elle donne un intérêt de 1,46 p. $\frac{0}{0}$

| | |
|---|---|
| Joignant à ce taux d'intérêt celui de l'emprunt de............................ | 4 p. $\frac{0}{0}$ |
| on a un ensemble de................ | 5,46 p. $\frac{0}{0}$ |

On peut dès-lors dire que le véritable taux d'intérêt des jouissances réelles, procurées par l'emprunt, est de

5,46 *pour* $\frac{0}{0}$.

Appliquant de semblables calculs à chacune des années de la libération, on peut, également, déterminer, pour chaque année, le taux d'intérêt de chacune des jouissances partielles, ce qui en soi, et quant au fond, ne présente pas autant d'intérêt pour le gouvernement emprunteur que pour le prêteur, parce que celui-là, devant être considéré comme une masse, tandis que celui-ci est composé d'une infinité d'intérêts particuliers distincts, qui, quoique obéissant aux mêmes lois, ont, relativement aux détails d'une opération de durée, des motifs différens d'intérêt; comme il en est, par exemple, sous l'aspect de la loterie, entre le gouvernement et les mises individuelles, entre un propriétaire de haras composé d'un assez grand nombre de têtes pour fonder sur les observations des principes de généralité, et les propriétaires de haras très-peu nombreux, qui par cela même doivent obéir, pour les résultats, à l'ensemble des principes généraux, mais peuvent voir ces principes modifiés, dans leur application spéciale, suivant l'*influence de la faveur ou de la défaveur du sort*, ou du *hasard*, ou de ce qu'on peut nommer, sans y attacher plus d'importance que de raison, de leur *bonne étoile*.

Mais sans vouloir tirer pour le gouvernement emprunteur aucun genre d'inductions de ces recherches d'isolement, toujours sera-t-il curieux de constater que l'intérêt véritable des jouissances réelles suivent, à partir de la première année de la libération jusques à la dernière, une progression croissante qui est telle, qu'à la seconde année cet intérêt, qui n'est que peu plus élevé que le taux d'intérêt de l'emprunt, se trouve élevé aux dernières années de la libération jusques à 38 à 40 pour cent, suivant les combinaisons d'agglomération des bases de l'emprunt.

Pour mieux faire apprécier l'importance de la progression annuellement croissante du taux d'intérêt des jouissances réelles, je vais en présenter un exemple.

Supposons un emprunt de 100 millions, fait à l'intérêt de 4 pour %, sur des 3 pour cent, amortissable en 10 années.

Avec de tels élémens, le prix des rachats annuels, supposé être la moitié de la différence entre le taux vénal de la négociation de l'emprunt, et le taux constitué de la valeur sur laquelle se fait l'emprunt, on a cette série, pour le taux d'intérêt des jouissances annuelles, y compris les frais de perception :

1.re année.................... $6 \frac{073}{1,000}$ pour %
2.e année.................... $6 \frac{596}{1,000}$ pour %
3.e année.................... $7 \frac{285}{1,000}$ pour %
4.e année.................... $8 \frac{197}{1,000}$ pour %
5.e année.................... $9 \frac{472}{1,000}$ pour %
6.e année.................... $11 \frac{382}{1,000}$ pour %

7.ᵉ année....................14 $\frac{748}{1.000}$ pour %.
8.ᵉ année....................20 $\frac{370}{1.000}$ pour %.
9.ᵉ année....................38 $\frac{715}{1.000}$ pour %.

Par emprunt remboursable, fait à 5 pour % sur des 5 pour cent, les jouissances réelles, chargées même des frais de perception, ne comporteraient qu'un intérêt de

5,9710 *pour cent.*

---

Il y aurait donc, dans de telles circonstances, beaucoup plus d'intérêt pécuniaire à emprunter à 5 pour % sur des 5 pour cent, qu'à emprunter à 4 pour % sur des 3 pour cent.

*Rapprochement et comparaison des résultats de l'ensemble des emprunts remboursables, et des emprunts amortissables d'une réalisation possible.*

Après avoir prouvé que, pour les emprunteurs, l'*avantage* ou le *désavantage* pécuniaire des emprunts résidait dans *le véritable taux d'intérêt de leurs jouissances réelles*, comparé au taux de l'intérêt légal, il nous reste à *déterminer ce taux véritable d'intérêt, pour toutes les combinaisons d'emprunts amortissables* d'une exécution possible.

Ces recherches, en raison surtout du degré de *généralité* auquel je les ai soumises, nous donneront la possibilité de *choisir*, en connaissance de cause, entre le mode de remboursement et le mode d'amortissement, et entre les diverses combinaisons des emprunts amortissables, sans exception, d'une réalisation possible.

Pour atteindre ce but, j'ai pris, par graduation de quart en quart d'unité, tous les taux d'intérêts des créations des rentes, depuis 5 jusques à 3 pour cent, et je les ai combinés dans tous les ordres, ce qui m'a donné 21 séries distinctes de combinaisons.

La série qui comprend les emprunts faits à un taux d'intérêt quelconque sur des valeurs au même taux d'intérêt, ne peuvent s'appliquer, ainsi que je l'ai précédemment démontré, qu'à des emprunts remboursables.

Toutes les autres séries, qui comprennent les emprunts faits à un taux quelconque d'intérêt sur des valeurs à un taux d'intérêt moins élevé que celui de l'emprunt, ne peuvent s'appliquer qu'à des emprunts amortissables.

Pour que les résultats de chacune de ces séries puissent avoir une application réelle, j'ai dû établir les combinaisons des emprunts qu'elles renferment de telle manière qu'ils aient une *réalisation possible.*

Ce long et minutieux travail qui, sans doute, je le désire et je l'espère, obtiendra l'assentiment de tous les spéculateurs de bonne foi, ne jouira probablement pas de la même faveur près de ceux qui voudraient qu'il n'existât qu'une vérité,

*La première du diplomate;*

Près de ceux surtout qui sont habitués et ont tant d'intérêt à *pêcher en eau trouble.*

Toutefois, entendant bien leurs véritables intérêts, ces derniers devraient ne pas se trouver trop *à plaindre*, en voyant que les discussions en cette matière ne roulent encore que sur des principes généraux, sans remuer *intempestivement* le fonds du sac, dont les *vapeurs pestilentielles*, après avoir occasionné la *paralysie*, pourraient engendrer le *spleen.*

Voici les résultats principaux de ce genre de recherches.

Un emprunt amortissable, d'une réalisation possible, fait à l'intérêt de 4 1/2 pour 0/0 sur des

4 pour cent, fixerait le véritable taux de l'intérêt des jouissances réelles (1) à

$$6 \frac{2890}{10000}$$ *pour* °/₀.

---

Un emprunt amortissable, d'une réalisation possible, fait à l'intérêt de 4 1/2 pour 0/0 sur des 3 1/2 pour cent, fixerait le véritable taux de l'intérêt des jouissances réelles à

$$6 \frac{3168}{10000}$$ *pour* °/₀.

---

Un emprunt amortissable, d'une réalisation possible, fait à l'intérêt de 4 1/2 pour 0/0 sur des 3 pour cent, fixerait le véritable taux de l'intérêt des jouissances réelles à

$$6 \frac{6790}{10000}$$ *pour* °/₀.

---

Un emprunt amortissable, d'une réalisation possible, fait à l'intérêt de 4 pour °/₀ sur des 3 1/2 pour cent, fixerait le véritable taux de l'intérêt des jouissances réelles à

$$6 \frac{0389}{40000}$$ *pour* °/₀.

---

Un emprunt amortissable, d'une réalisation possible, fait à l'intérêt de 4 pour 0/0 sur des 3 pour cent, fixerait le véritable taux de l'intérêt des jouissances réelles à

$$6 \frac{4013}{10000}$$ *pour* °/₀.

---

(1) *Voyez*, pages 44 et 45, la marche à suivre pour arriver à des résultats de cette nature.

Un emprunt amortissable, d'une réalisation possible, fait à l'intérêt de 3 1/2 pour 0/0 sur des 3 pour 0/0, fixerait le véritable taux de l'intérêt des jouissances réelles à

$$6\frac{0023}{10000} \text{ pour } \frac{0}{0}$$

---

Dans toutes ces combinaisons, il n'en existe pas une seule dans laquelle le véritable taux de l'intérêt des jouissances réelles ne *dépasse* le taux de l'intérêt légal:

D'où on doit conclure, que

*Tous les emprunts amortissables, d'une réalisation possible, sont pécuniairement plus désavantageux à l'emprunteur, que tout emprunt remboursable, d'une égale importance, fait à l'intérêt de* 5 *pour* 0/0.

Indépendamment de cette conclusion *absolue*, et *déterminante* pour la *préférence* qu'on doit accorder aux emprunts remboursables, faits même au taux de l'intérêt de 5 pour 0/0, sur les emprunts amortissables d'une réalisation possible, faits à moindre taux d'intérêt, il en existe d'autres moins importantes, mais également réelles, dont je ne surchargerai cependant pas cet ouvrage, parce qu'elles ne seraient pas toutes également applicables au but que je me propose d'atteindre.

Je me bornerai, en conséquence, pour l'instant, à l'énumération succinte de celles qui ont une application *pratique* plus immédiate. Les voici :

1.° Le mode de libération par amortissement a surtout le *grave* inconvénient, *inévitable*, d'engendrer une progression croissante dans le taux de l'intérêt des jouissances réelles, de telle sorte, qu'un emprunt amortissable, dont la jouissance de la première année aurait été calculée comme ne devant comporter qu'un intérêt de 4 pour 0/0, peut comporter, relativement à la jouissance de la dernière année de libération, un intérêt de plus de 40 pour 0/0.

On peut donc représenter les emprunts amortissables par cette spécification;

*Opération dont les jouissances réelles suivent annuellement une progression décroissante, et dont, au contraire, le taux d'intérêt de la jouissance réelle suit annuellement une progression croissante.*

D'où résulte que, quelles qu'en soient les combinaisons,

*Dans l'emprunt amortissable, le taux de l'intérêt des jouissances réelles est toujours plus élevé que celui fixé pour l'emprunt.*

2.° Il y aurait moins de désavantage pour l'état à réaliser un emprunt amortissable fait à 5 pour 0/0 sur des 5 pour cent, que d'en réaliser un fait à 4 1/2 pour 0/0 sur des 4 pour cent, que d'en réaliser un fait à 4 pour 0/0 sur des 3 1/2 pour cent; et ainsi de suite.

3.° Il y aurait moins de désavantage pour l'état à réaliser un emprunt amortissable, fait à 4 1/2 pour 0/0 sur des 4 pour cent, que d'en réaliser un fait à 3 1/2 pour 0/0 sur des 3 pour cent.

4.° Il serait encore préférable pour l'état, malgré les pertes qui en résulteraient pour lui, de réaliser un emprunt amortissable, fait à 3 1/2 pour 0/0 sur des 3 pour cent, que d'en réaliser un fait à 3 pour 0/0 sur des 2 1/2 pour cent.

5.° Enfin, à moins de vouloir de nouveau *sacrifier complètement* les intérêts de l'état, tout emprunt, dont, par suite, les Chambres pourraient constater la nécessité de tentative, ne pourrait donc être fait que sur des valeurs dont le taux d'intérêt égalerait le taux d'intérêt de l'emprunt qu'on se proposerait de réaliser, sauf à accorder, si cela devenait nécessaire, ce que je ne pense pas, quelque droit de commission aux premiers *entremetteurs*, si, à *toute force*, il fallait y avoir *recours*, droits basés principalement sur les époques de versement du matériel de l'emprunt. Toute autre tentative d'emprunt, fondée sur d'autres combinaisons, présenterait l'un de ces désavantages : ou de n'avoir pas de *réalisation possible*, ou *d'accroître* considérablement les charges, déjà suffisamment *pesantes*, des contribuables, et de *maintenir* le gouvernement dans cette *fausse* et *préjudiciable* position, de ne jamais pouvoir *pressentir* pour l'avenir une position financière assez *calculable* pour y rattacher d'autres combinaisons de *circulation* et *d'amélioration*.

*Aspect des emprunts faits jusqu'à ce jour, sous le rapport du taux d'intérêt qu'ils comportent.*

Lorsque le ministère a proposé ses dispositions financières, si défavorables aux intérêts de l'état, le cours vénal des rentes 5 pour cent était de 100 fr.,

Nous nous trouvions dans la position d'un homme qui aurait emprunté à l'intérêt de 5 pour 0/0 sur des 5 pour cent.

Le ministère assurait formellement alors que c'était pour *améliorer* cette position qu'il créait des 3 pour cent; ce qui revenait à dire, que le mode d'emprunt amortissable, fait à 5 pour 0/0 sur des 5 pour cent, était plus *onéreux* que le mode d'emprunt amortissable, fait à moindre taux d'intérêt, sur des valeurs à taux d'intérêt encore inférieur.

Ainsi, en prenant comme *type de comparaison*, comme *unité*, les emprunts faits à 5 pour 0/0 sur des 5 pour cent, je me suis placé, d'après les assertions du ministère, dans la position *la plus défavorable*, et, comme j'ai prouvé de la manière la plus évidente que

*Tout emprunt fait au-dessous de cinq pour 0/0 sur des valeurs à taux d'intérêt inférieur est comparativement plus onéreux que les emprunts amortissables faits à un taux d'intérêt supérieur, et surtout que les emprunts remboursables faits à 5 pour 0/0 sur des 5 pour cent;*

Il en résulte, non-seulement que le ministère a pris une *fausse direction*, en modifiant, comme il l'a fait, notre situation rentière; mais encore que pour l'avenir il importe d'*écarter* de si dangereuses *innovations*, et de se *renfermer* dans les combinaisons les plus *simples*, les moins *chanceuses* pour *tous*, et les moins *onéreuses* pour les emprunteurs, savoir : les emprunts faits au taux d'intérêt le moins *élevé*, mais toujours sur des valeurs à taux d'intérêt *égal* à celui de l'emprunt, mode d'emprunt qui, pour sa libération, nécessite forcément le mode de *remboursement*.

Pour donner une nouvelle preuve *irrécusable* de ces propositions, je vais *établir* le véritable taux de l'intérêt qu'auront eu à supporter les jouissances réelles de nos emprunts.

Nos emprunts, faits depuis la restauration, nous ont procuré un secours de

1,341,851,574 *fr.*

Notre émission de rentes, pour le service de ces emprunts, a été de

95,938,679 *fr.*

Ce qui élève le taux apparent de l'intérêt de nos emprunts à

7 $\frac{15}{100}$ *pour 0/0.*

Les rentes d'emprunt se sont promptement élevées au taux constitué de

100 *fr. pour* 5 *fr.*

Et devront se *racheter* à ce taux.

Avec notre puissance amortissante, la libération aurait duré

*25 années.*

La puissance amortissante y afférente aurait été de

28,115,000 *fr.*

L'émission a eu lieu au taux moyen de

69 *fr.* 93 *c. pour* 5 *fr.*

La perte sur le capital est donc par chaque 100 fr., de

30 *fr.* 07 *c.*

La perte sur l'ensemble des emprunts s'élève donc à

577,000,000 *fr.*

L'ensemble des débours pour l'amortissement et pour le service des arrérages s'élève à

3,101,341,975 *fr.*

Ces débours s'appliquent :

| | |
|---|---|
| 1.° A la libération ........ | 1,918,773,580 fr. |
| 2.° Au service des intérêts . . | 1,182,568,895 |
| Ensemble ........... | 3,101,342,475 fr. |

La somme appliquée aux intérêts représente une jouissance, pendant une année, de

23,651,367,900 *fr.*

Ce qui, proportionnellement à la perte, qui est de

577,000,000 *fr.*

Donne un supplément de taux d'intérêt de........................ 2 $\frac{44}{100}$ pour 0/0.

Y joignant le taux primitif. de ........................ 7 $\frac{15}{100}$ pour 0/0.

On a pour l'ensemble du taux d'intérêt............. 9 $\frac{59}{100}$ pour 0/0.

Auxquels il faut ajouter les frais de perceptions, qui sont de ........................ 1 $\frac{75}{100}$ pour 0/0.

On a pour le véritable taux de l'intérêt des jouissances réelles .................... 11 $\frac{34}{100}$ pour 0/0.

On peut donc dire que le véritable taux de l'intérêt de nos emprunts a été de

11 $\frac{34}{100}$ *pour* 0/0.

## *NOUVEAU PLAN.*

Ainsi que je l'ai dit au commencement de cet ouvrage, ce sera *uniquement* dans le *sage* et *convenant emploi* de nos ressources *actuelles*, que je puiserai les moyens de *subvenir* à tous les besoins qui doivent *améliorer* notre position d'*intérieur* et d'*extérieur*, et *concourir* à la *prospérité* de la France.

Ces ressources me suffiront pour faire face à tous nos engagemens, et pour *satisfaire* aux *arrérages* et à la *libération* des emprunts auxquels je devrai avoir recours pour ceux de nos besoins qui exigent une *application immédiate*.

Je puiserai à la même source, comme *suffisante* pour, à la terminaison du plan, *former un capital* dont le revenu assure le service à *perpétuité* des augmentations de traitement du bas clergé, et des nouvelles applications à l'accroissement de l'instruction élémentaire.

Je baserai les combinaisons de mes emprunts sur les principes et les données que j'ai précédemment établis.

Ainsi je choisirai le mode de remboursement comme plus *convenable* et plus *avantageux* que le mode d'amortissement; toutefois j'y *agglomérerai* ce qu'il peut y avoir de bon dans le mode d'amortissement, faisant du tout un mode *mixte* d'emprunt et de libération.

Ainsi, je conserverai *l'accroissement successif* de

la puissance de libération qui résulte du mode d'amortissement, et cependant j'adopterai la *fixité* des taux de libération, qui caractérise le mode de remboursement.

Je me placerai, au commencement de l'exécution du plan, savoir : au 1.er janvier 1829, dans la position où nous serions si les annihilations, au lieu de cesser en 1830, ainsi que le porte la loi, cessaient, ainsi que je le propose, en 1829.

La suppression des deux dernières années de durée que la loi assigne aux annihilations serait la seule modification que je réclamerais.

Devant nécessairement admettre un temps quelconque entre l'adoption du plan, si cette adoption avait lieu, et le commencement de son exécution que par ce motif je fixe au 1.er janvier 1829, je supposerai que, pendant le courant de 1827 et de 1828, toute la puissance amortissante continuerait à être *exclusivement* consacrée à l'extinction des 3 pour cent, et que, pendant ce laps de temps, leur rachat s'effectuerait au taux moyen de 70 fr. pour 3 fr.

Dans cette supposition, voici quelle serait, au commencement de 1829, notre situation rentière :

| | |
|---|---|
| Rentes de conversions............ | 18,940,404 fr. |
| Rentes d'indemnités............. | 23,231,176 |
| Rentes 5 pour cent............. | 129,759,597 |
| Ensemble................ | 171,931,177 fr. |

*Dépenses du nouveau plan.*

Dans la situation financière où l'on nous a placés, notre libération ne pourrait avoir lieu, ainsi que je l'ai démontré à plusieurs reprises, qu'en 55 années.

En partant de cette position, j'aurais pu, sans injustice, assigner aux convertis la part de puissance amortissante qui leur reviendrait, proportionnellement à l'importance de leur capital constitué comparé à celui de toutes les autres rentes en concurrence avec eux. J'aurais pu, avec juste raison, leur dire :

Sans doute, avant de prendre une résolution *définitive*, vous avez dû faire vos calculs de chances. Le gouvernement n'aurait pas à rechercher s'ils ont été bien ou mal faits; ainsi dans le cas où il se présenterait une perspective de perte, ce ne serait qu'à votre *inaptitude*, à votre *ambition*, ou à votre *servilité*, que vous pourriez l'attribuer, en vous appliquant pour l'avenir cette disposition du bon Lafontaine :

« Jurant, mais un peu tard, qu'on ne l'y prendrait plus. »

Je ne l'ai pas fait, parce que M. de Villèle a tellement vicié l'agglomération des élémens de ses plans qu'on pourrait supposer qu'il a eu cette pensée de conséquence :

S'il arrive du mal aux trois pour cent des convertis, les trois pour cent des indemnisés s'en ressentiront, en subissant le même sort :

S'il arrive une amélioration dans les trois pour cent des indemnisés, les trois pour cent des convertis en éprouveront une semblable.

Aussi, voulant prendre aujourd'hui des dispositions d'amélioration et de justice envers les indemnisés, on ne pourrait le faire *uniquement* pour eux, par cela seul que les trois pour cent des convertis et ceux des indemnisés sont tellement *confondus* qu'il n'y aurait pas moyen de les reconnaître.

La justice me commandait d'assigner aux rentes des indemnisés une augmentation d'arrérages jusqu'au moment de la libération. En le faisant pour les trois pour cent des indemnisés, ce qui n'eût été qu'une convenance bien entendue, il eût fallu en même temps le faire pour les trois pour cent des convertis, et c'eût été un acte d'injustice eu égard aux contribuables, puisqu'on aurait donné aux convertis un revenu plus considérable que celui qu'ils avaient avant la conversion.

La justice me commandait encore plus *impérieusement* d'assurer le paiement *intégral* du capital dû aux indemnisés. Devant donc me conformer *strictement* à cette disposition, pour ne pas perdre les avantages de conséquence de la mesure d'indemnité, je me suis vu forcé de reporter cette *amélioration* sur les convertis. Je m'y suis déterminé parce que cette extension n'entraînera qu'un sacrifice supportable.

On pourra dire alors que, dans cette circonstance, on est *généreux* envers eux.

Dans tous les ordres de probabilités, le taux moyen de leur libération n'aurait pas dépassé 87 fr. 50 cent. pour 3 fr. Ils seront assurés que cette libération aura lieu à 100 fr. pour 3 fr. Ils n'auront plus, dès-lors, à se repentir de leur détermination, quel qu'en ait pu être le mobile. Ils avaient consenti à une diminution de revenu dans l'espoir d'une augmentation de capital. C'était là la *limite* de l'avantage de leur opération. Cet avantage sera complètement *réalisé*. Leurs vœux seront donc remplis. Que leur détermination ait été bien ou mal entendue, (les événemens ont dû les fixer à ce sujet), ils seront bien certainement redevables au gouvernement de cette obligation, dont sans doute ils ne perdront pas le souvenir : qu'il aura de lui-même paré à tous leurs dangers.

Mieux instruits, leur intérêt leur fera sans doute prendre dans l'avenir des déterminations plus *réfléchies* et mieux *assises*.

Quoiqu'entravé par l'agglomération de la mesure de conversion avec la mesure d'indemnité, je n'en serai pas moins parvenu à améliorer le sort des indemnisés, ainsi que le *veut*, je ne craindrais pas même de dire, ainsi que *l'exigent* la *justice*, *l'équité*, les *convenances*, même *l'intérêt*, la *prospérité* de l'état.

En reconnaissant qu'on leur devait légitimement un capital d'un milliard, il fallait ou le leur payer *immédiatement*, ou, dans l'impossibilité de satisfaire à ce *devoir*, leur en *assurer* la rentrée *intégrale.*

Cela aurait été d'autant plus *commandé* par les positions respectives, que l'un des principaux buts du gouvernement, en accordant les indemnités, était la *fusion* de toutes les natures de propriétés; fusion qui, suivant lui, ne pouvait exister que par le paiement *intégral* des indemnités.

Dans l'état actuel de choses, on ne les paierait point *intégralement:* donc la fusion n'existerait pas; donc on n'aurait pas atteint le but de la disposition, but auquel le ministère paraissait cependant attacher une grande importance.

Si on eût ôté aux indemnisés ce sujet de *mécontentement*, on eût sans doute assuré la fusion, *désirée* par *tous*, et *désirable* pour *tous.*

Ce n'est pas qu'une indemnité *tronquée* puisse jamais *altérer* dans l'ame des indemnisés de généreux sentimens; non sans doute : mais on leur a promis une indemnité complète : on la leur doit.

## *MON PLAN LA DONNE.*

Voici l'emploi que je fais de la puissance de libération qui, d'après la loi, se trouverait être, en 1829, de

77,503,204 *fr.*

L'ensemble des rentes 3 pour cent se monterait, ainsi que nous venons de le voir, au 1.er janvier 1829, à

42,171,580 *fr.*

---

Le problème à résoudre pour leur libération serait celui-ci :

*Quelle serait la dotation nécessaire pour completter, en* 55 *années, à* 100 *fr. pour* 3 *fr., c'est-à-dire au pair, la libération des* 42,171,580 *fr., rentes* 3 *pour cent des conversions, et* 3 *pour cent des indemnités, qui, défalcation faite des rachats opérés, resteront encore à éteindre?*

Des calculs convenables prouvent que, pour atteindre ce but, la dotation devrait être de

10,330,000 *fr.*

---

Ainsi que nous venons de le voir, la masse des rentes 5 pour cent s'élèverait au 1er janvier 1829 à

129,759,597 *fr.*

---

J'en distrais vingt millions, comme non-susceptibles d'un remboursement, parce qu'ils sont affectés aux hospices ou à des majorats, et je me conforme à cet égard aux bases présentées par le ministère; ainsi reste à éteindre en 5 pour cent

109,759,597 *fr.*

---

Voici le problème dont la solution doit assurer cette libération.

*Quelle serait la dotation nécessaire pour effectuer, en* 55 *années, la libération, au pair, de* 109,759,597 *fr. de rentes* 5 *pour cent?*

Des calculs convenables prouvent que la dotation, pour atteindre ce but, devrait être de

8,050,000 *fr.*

---

Voici quelles seraient les autres assignations du plan.

Service des arrérages des 850 millions d'emprunts faits à 5 pour cent,

42,500,000 *fr.*

---

Dotation pour éteindre cette dette, en 55 années,

3,110,000 *fr.*

---

Augmentation annuelle de 200 fr. de traitement, par chacun des 50,000 curés ou vicaires,

10,000,000 *fr.*

---

Application annuelle à l'instruction élémentaire,

2,600,000 *fr.*

---

Dotation suffisante pour former, à l'achevement du plan, un capital correspondant à ces deux fixations annuelles,

913,204 *fr.*

---

*Récapitulation des dépenses.*

| | | | |
|---|---|---|---|
| DOTATIONS | pour les 3 pour cent...... | 10,330,000 | 22,403,204 f. |
| | pour les 5 pour cent...... | 8,050,000 | |
| | pour les emprunts........ | 3,110,000 | |
| | pour capital des traitemens. | 913,204 | |
| Arrérages des emprunts.......................... | | | 42,500,000 f. |
| Traitement des curés.......................... | | | 10,000,000 |
| Instruction élémentaire........................ | | | 2,600,000 |
| ENSEMBLE.......................... | | | 77,503,204 f. |

*Balance entre les voies et moyens, et les dépenses du plan.*

Les voies et moyens du plan procurent un secours de...................... 77,503,204 fr.
Les dépenses du plan s'élèvent à. 77,503,204.

Balance............... zéro.

*Objection qu'on peut faire relativement au nouveau plan.*

Voici la seule objection raisonnable qu'on puisse faire contre le nouveau plan.

On peut dire que je prive les contribuables, à partir de 1829, des annihilations qui, à la vérité, n'ont été accordées, d'après la loi, que jusqu'en 1830, mais qui, d'après une nouvelle loi, pourraient être prolongées.

Sans revenir sur ce que j'ai dit dans de précédens ouvrages sur la nature des résultats des annihilations, je prends l'objection dans toute sa force.

Le compte général des annihilations, et le compte général de mon plan ayant une grande étendue, je n'en donnerai pas les détails dans cet ouvrage, parce qu'ils en doubleraient et au-delà les dimensions, et je me bornerai à en présenter le résultat principal, savoir : que

L'actif de mon plan comparé à l'actif du plan des annihilations présente un excédent de

42,187,620 *fr.*

---

Ce résultat, pécuniairement avantageux, dépend surtout de la combinaison des élémens du plan; mais lors même que cet excédent n'existerait pas; lors même que, comparativement au plan des annihilations, le nouveau plan présenterait quelques désavantages, ce nouveau plan n'en serait pas moins, sous l'aspect des conséquences, de beaucoup préférable à celui des annihilations.

Quel est au surplus l'homme de bonne foi qui pourrait jamais avoir la *présomption*, pour mieux dire la *déraison* d'annoncer qu'il procure un avantage pécuniaire qui ne coûtera rien à personne, pas même à quoi que ce soit?

Le ministère a pu seul mettre en avant un tel *paradoxe*, lorsque, par *déception*, il a espéré faire passer la première loi de *conversion*.

Combien il a été promptement forcé de rabattre de cette *forfanterie*.

Qu'en est-il résulté pour lui?

*La perte de toute confiance.*

Quand les contribuables obtiennent directement ou indirectement un avantage pécuniaire, il faut bien qu'ils en acquittent la représentation d'une manière quelconque.

Dans cette position, la tendance des recherches et des combinaisons doit se concentrer dans le but que cet acquittement s'opère de la manière la moins à charge et la plus convenante pour leur *situation présente et future*.

C'est là la seule *pierre philosophale* du système des impositions et des contributions directes et indirectes.

Dans une telle position, ne peut-on pas dire aux contribuables, avec l'espoir d'être compris et approuvé :

*On vous a mis, par de mauvaises combinaisons financières, dans une fausse position.*

Tous les ordres de *probabilités*, on pourrait même dire de *certitude*, sont que, plus ou moins prochainement, il surviendra des *besoins indispensables* qui forceront à *empirer* encore votre position.

Ainsi, votre perspective raisonnable est un *accroissement de mal.*

Celle que je vous propose est un *accroissement de bien.*

*Jugez et choisissez.*

*Des détails de l'exécution du nouveau Plan.*

L'ensemble de la conception de mon plan renferme les moindres détails d'exécution; il serait inutile d'en surcharger l'attention jusqu'au moment où le plan pourrait recevoir l'approbation du gouvernement. Je ne rapporterai ici qu'un aperçu de ces principaux détails.

Ainsi que je l'ai dit ci-dessus, réunissant dans mon mode de libération, la *fixité* des taux de remboursement, tirée du mode de libération par remboursement, et l'augmentation graduelle de *l'importance* de la puissance de libération, type du mode de libération par amortissement, l'importance de ma puissance de libération se composera, chaque année, ainsi qu'il suit :

Pour les 3 pour cent.

| | |
|---|---|
| 1.ere année | 10,330,000 fr. |
| 2.e année | 10,642,990 |
| 3.e année | 10,962,279 |
| 4.e année | 11,291,147 |

Ainsi de suite.

Pour les 5 pour cent.

| | |
|---|---|
| 1.ere année | 11,147,000 fr. |
| 2.e année | 11,704,350 |
| 3.e année | 12,289,567 |
| 4.e année | 12,904,045 |

Ainsi de suite.

*De la fixation des époques de remboursement.*

Toutes les rentes 3 pour cent, restant à éteindre; de même que toutes les rentes 5 pour cent à émettre, et celles existantes encore, à l'exception de celles des hospices et des majorats, seraient échangées au trésor contre des inscriptions du capital constitué avec un intérêt de 3 ou de 5 pour %, suivant la nature de la rente; on en composerait des séries dont le remboursement s'effectuerait successivement, d'année en année, à une époque qui serait assignée par un tirage au sort; et ce tirage pourrait avoir lieu en une seule fois, ou successivement chaque année jusqu'à concurrence de chaque libération annuelle. Dans le premier cas, les inscriptions porteraient l'époque de l'échéance de la libération, et circuleraient ainsi sur la place, ce qui, suivant les combinaisons des acheteurs et des vendeurs, pourrait influencer le taux de chaque négociation, et ce qui, pour le gouvernement, aurait cet avantage, qu'il pourrait par cela seul apprécier, assez approximativement, la confiance des capitalistes à placement dans les positions *prévoyables* de l'état dans l'avenir. Les porteurs d'inscriptions jouiraient de la faculté, avant le tirage, de venir faire leur déclaration, qu'ils préfèrent n'être remboursés que dans les dernières années, auquel cas les premières déclarations de ce genre seraient inscrites comme devant être les dernières libérées, et, ainsi de suite, les époques de libération marchant en *ordre inverse* des déclarations.

Quant au centre d'exécution, ce serait à la caisse d'amortissement qu'il serait établi. Ce serait elle qui serait particulièrement chargée de tous les détails d'exécution.

Les rentes rachetées depuis le 22 juin 1825 jusqu'au 1.er janvier 1829 seraient définitivement anéanties, et les contribuables continueraient à jouir pour toujours de cette suppression de dépense.

*Observation.*

Si, par quelque motif que ce puisse être, le gouvernement et les Chambres trouvaient le moindre inconvénient à apporter à la loi de 1825 cette légère modification : que les annihilations, au lieu de cesser en 1830, cesseraient en 1829, mon plan ne se trouverait nullement altéré par cette disposition ; tous ses résultats seraient les mêmes, avec cette seule différence défavorable pour *l'état*, et pour *tous*, que les indemnisés, les convertis, le clergé, l'instruction élémentaire, les routes, les canaux, la marine et la guerre, n'obtiendraient que deux années plus tard les secours et les avantages que leur procure le plan, et dont, par ce retard, *l'importance* se trouverait quelque peu *diminuée* dans son *résultat matériel* et dans ses *conséquences*.

## RÉSUMÉ.

Jamais besoin de *réparer* ne fut plus *imminent;* jamais aussi les moyens d'y *parvenir* ne furent plus *faciles* et plus *assurés.*

Dans toute autre circonstance, il faudrait le *vouloir* et le *pouvoir;* dans celle-ci, il ne faut que le VOULOIR.

Le *pouvant* et le *voulant*, *il est facile d'embrasser l'ensemble et les conséquences des réparations et des améliorations; d'en rendre les moyens évidens*, *pour* TOUS, *et dès-lors de leur obtenir* L'ASSENTIMENT GÉNÉRAL : car dorénavant il faudra que la *conviction* soit l'une des principales bases de nos dispositions d'extérieur et d'intérieur; et bientôt, espérons-le du moins, *sans opinion publique*, *sans disposition légale*, *et sans assentiment général*, *toute mesure administrative*, *et même législative*, *ne pourra être considerée que comme transitoire.*

La cause de notre *mal* sous le ministère qui vient enfin de *succomber*, *aux acclamations de toute la France*, a moins encore été son *incapacité* que son *impopularité.*

Méné par des *fils* qu'il *appercevait* ou qu'il *n'appercevait pas*, il ne pouvait jamais combiner l'ensemble de sa position; *il ne vivait qu'au jour le jour;*

et chaque *faute* apportait dans l'ensemble de ses combinaisons un élément qui en *viciait* tous les résultats : les perspectives d'un ordre *chanceux*, parce qu'elles ne pouvaient se classer que dans celui des *probabilités*, en recevaient une *teinte sombre et rembrunie;* les perspectives d'un ordre *positif* en devenaient *douteuses.*

En effet, ce doit être une maxime incontestable, que la *force* d'un gouvernement réside principalement dans son *indépendance de sentiment*, dans *l'appui du Roi*, et dans *l'opinion des autorités intermédiaires et des gouvernés.*

Le ministère, dont nous venons enfin d'être *débarrassés* et *déchargés*, a pu *braver* trop long-temps une *réprobation générale;* mais son *orgueil* et son *haut dédain* ne pouvaient, *certes*, assurer le bonheur de la France : il avait contre lui sa *dépendance* à des directions étrangères, et une *irritation générale.* C'en était assez pour le faire tomber dans les *piéges* qu'on lui tendait, et pour, graduellement, lui faire *empirer* les difficultés d'intérieur et d'extérieur.

Combien cette *fausse* position, dans laquelle il s'était placé, nous aura été *funeste !*

Elle nous a conduits sur les bords du *précipice*; et nous y serions tombés inévitablement, si *la bonne étoile* de la France ne nous avait encore une fois sauvés.

Que ce *danger*, auquel nous avons si heureusement échappé, nous serve au moins de *leçon*.

Pour *éviter* des *récidives*, prenons pour *devises* ces principes de conduite :

Ne pas nous laisser *diriger* par aucune *influence d'extérieur* ou *d'intérieur*, mais uniquement par notre *état de civilisation*, et par *l'opinion publique librement exprimée*.

Dans les combinaisons qui, par leur nature, sont sujettes à un ordre de *probabilités*, et conséquemment à des *controverses* plus ou moins *lucides*, ne prononcer définitivement sur la direction à suivre qu'après avoir, par la *publicité*, *épuisé la discussion*. Avec une nation aussi *éclairée* que l'est maintenant la France, la *bonne foi* et la *latitude* d'une discussion *appuyée d'un véritable esprit national* ne peuvent jamais être que *fructifères*.

Dans les combinaisons dont, *forcément*, les résultats sont *positifs*, lorsque leurs bases sont posées par un jugement *sain* et *droit*, ne nous *livrer* à leur *entraînement attractif*, qu'après les avoir *soumises à l'investigation la plus approfondie des lumières et de l'expérience*.

En suivant cette nouvelle direction, nous ne pourrons sans doute pas encore nous *flatter d'arriver au mieux absolu* : mais, en rentrant ainsi dans la *bonne voie*, nous pourrons au moins *espérer atteindre le mieux possible*.

*Le bon esprit des français, l'amour du roi pour ses peuples, et son ardent désir d'assurer la prospérité de la France, feront le reste.*

ARMAND SÉGUIN.

FIN

# TABLE.

FIN DE LA TABLE.

www.ingramcontent.com/pod-product-compliance
Lightning Source LLC
LaVergne TN
LVHW020434230826
846091LV00004B/1492

* 9 7 8 2 0 1 2 4 6 7 3 0 9 *